Du CP au CE1
6 • 7 ans

Le mystère de la source

Karine Tercier
écrivain

Isabelle Petit-Jean
professeure spécialisée des écoles

illustré par
Sophie Lebot

Le papier de cet ouvrage est composé de fibres naturelles, renouvelables, fabriquées à partir de bois provenant de forêts gérées de manière responsable.

Nathan

Présentation

- Je lis un récit plein de suspense.
- En faisant les exercices (français, maths, découverte du monde), je découvre l'indice qui me permet d'avancer dans l'histoire et de résoudre l'énigme.
- Je vérifie ma réponse en continuant ma lecture : l'indice est en couleur.
- Je consulte le mémo (page 33) : il m'explique la notion abordée dans l'exercice.

Sommaire

Édition : Anne-Sophie Pawlas
Maquette de couverture : Team créatif
Maquette intérieure : Julie Lannes
Composition : Céline Julien
Crédits photographiques : p. 43 : © Kiselev Andrey Valerevich/Shutterstock - © Mikhail Zahranichny/Shutterstock - © ronfromyork/Shutterstock - © Robert Adrian Hillman/Shutterstock – p. 44 : © Kloroshunova Olga/Shutterstock - © Cre8tive Images/Shutterstock – p. 46 © Bogdan Ionescu/Shutterstock

1

Plus d'eau au village !

C'est l'été dans un village perché sur une montagne. Le soleil brille et il fait vraiment très chaud. Baptiste joue avec sa petite sœur Hannah dans le jardin de leur maison.

– Viens, dit Hannah, on va ouvrir le tuyau d'arrosage et on va s'asperger d'eau !

Mais aucune goutte, pas même la plus petite, ne sort du tuyau…

– Que se passe-t-il ? demande Hannah.

– Je ne sais pas, dit Baptiste. De toute façon, maman nous a interdit de jouer avec l'eau. L'eau est rare et précieuse, et…

– Oh ! Arrête de jouer les professeurs, Toutoune !

– Les enfants, au lieu de vous chamailler, venez boire une grenadine, propose leur maman.

Mais quand elle ouvre le robinet…

Aucune goutte, pas même la plus petite, n'apparaît. Au même moment, la voisine arrive. Elle dit qu'elle ne peut pas prendre de douche : il n'y a plus d'eau. Baptiste et Hannah décident alors de se rendre sur la place du village pour en savoir un peu plus. Incroyable ! Tous les villageois sont réunis autour de la fontaine qui n'a plus d'eau, elle non plus…

Le maire du village déclare avec une voix lugubre : « Il se passe de drôles de choses… La source est sèche… L'eau a disparu. » Et mes bêtes ? s'écrie le fermier. Et mes fruits, et mes légumes ? demande le marchand de primeurs. Mes pauvres fleurs ! pleure la jolie fleuriste. Plus jamais de grenadine ! gémit Hannah. À moins que… chuchote Baptiste, mystérieux.

D'où vient le problème de l'eau ?

Pour le savoir, aide-toi de ces 3 indices.

mémo 1

INDICE n° 1

Colorie le mot qui contient le son [s].

source | cuve | empoisonnement

mémo 7 mémo 8

INDICE n° 2

Réponds à cette devinette et tu trouveras le nombre de lettres du mot.

« Je suis le double de 5, moins 4. Qui suis-je ? »

source | citerne | fontaine | rivière

C'est la ....

mémo 11

INDICE n° 3

Cherche la case (D ; 3).

	A	B	C	D	E	F
1		bois			colline	
2			rivière			
3		village		source		
4			sentier			champs

Le problème de l'eau vient de la

2

L'enquête commence

– Chut Baptiste ! Écoute le maire, dit Hannah.

Le maire est tout rouge et hurle :

– Je vais fouiller le village et la montagne. Je vais interroger chaque personne. Je veux comprendre ce qui s'est passé !

– Nous aussi, dit Baptiste à Hannah, on va mener l'enquête ! Tendre des pièges ! Arrêter les coupables ! Passer à la télé ! Devenir célèbres ! Et tout ça, grâce au mystère de la source !

Baptiste et Hannah marchent sous le soleil.

– Réfléchissons petite sœur… Qu'est-ce qui a bien pu se passer ? Peut-être que des pierres ont bouché la source ? Ou c'est le froid qui l'a gelée ?

– Mais avec cette chaleur, c'est impossible ! Et si quelqu'un avait fait le coup ?

Soudain, ils entendent un énorme bruit…

C'est le vieux fou du village. Deux fois par jour, à 14 h et à 16 h précises, il souffle dans son clairon comme quand il était capitaine de marine.

– Et si c'était lui, le coupable ? dit Hannah.

– Pourquoi lui ? Demandons-nous d'abord…

– Qui avait de bonnes raisons de boucher la source ?

– Mais oui ! s'écrie Baptiste, fier de sa sœur.

Assis sous un arbre, Baptiste fait le point avec Hannah : qui a besoin d'eau ? Le fermier, le primeur, la fleuriste. Mais ça ne peut pas être eux… Ils avaient l'air si inquiets… Alors qui ?

– Grand professeur, vous oubliez le marchand de glaces et de boissons fraîches, dit Hannah.

– C'est vrai qu'il n'était pas là, répond Baptiste. Bizarre, très bizarre…

Baptiste et Hannah décident de partir à la recherche du marchand de glaces. La montagne se dresse devant eux, sous le soleil.

– Je n'en peux plus, dit Baptiste.

– Courage grand frère, regarde devant toi. Tu vois ce que je vois ?

Plus haut sur le chemin, le marchand de glaces pousse une brouette recouverte d'un drap noir.

D'où vient l'énorme bruit de la montagne ?

Pour le savoir, aide-toi de ces 3 indices.

mémo 2

INDICE n° 1

Remets cette phrase dans l'ordre.

du	C'est	.	le	vieux	fou	clairon

La phrase est ....

mémo 10

INDICE n° 2

Trace le chemin indiqué par les flèches dans le quadrillage et écris la phrase.

→ ↓ → → ↑ ↑ →

tombé	pierre	marché	du	village
→ C'est	le	devant	fou	feu
la	clairon	du	vieux	ville

C'est ....

mémo 14

INDICE n° 3

Entoure celui qui tient un instrument à vent.

L'énorme bruit vient du

....

3

Sur la piste des coupables

– Cachons-nous et suivons-le, dit Baptiste.

Mais Hannah s'élance déjà.

– Pas trop chaud ? demande Hannah au marchand.

– Oh si, avec tout ce soleil et l'eau qui a disparu !

– Et que transportez-vous dans votre brouette ?

– Mystère… répond le marchand.

– On va bien voir ! dit Hannah en soulevant le drap.

Ils découvrent alors des bidons d'eau !

– C'était donc vous ! s'écrie Hannah.

– De quoi parles-tu, petite ?

– Ne faites pas l'innocent ! coupe Baptiste. Vous avez bouché la source. Comme ça, tous les gens vont acheter vos glaces et vos boissons. Et vous allez devenir très riche… Mais nous avons tout compris et vous êtes coincé !

Le marchand de glaces éclate de rire :

– Quelle imagination, mes enfants ! Ces bidons viennent de mon magasin, pas de la source. Je les apporte à ma fiancée, la fleuriste. Sinon, sans cette eau, ses fleurs vont mourir. Mais allez donc voir madame de La Pompadour. Le maire l'a déjà interrogée. Peut-être sait-elle quelque chose ?

– Qui c'est cette madame de La Rocamadour ? demande Hannah.

– De La Pompadour ! Tu es sourde, Hannah ?

– Non, c'est à cause du capitaine. Il m'a bouché les oreilles avec son clairon !

– On raconte au village que madame de La Pompadour est étrange et mystérieuse. En tout cas, elle est très riche et elle a une… piscine !

Baptiste et Hannah arrivent devant une immense maison. Ils sonnent. Une dame très élégante leur ouvre la porte.

– J'espère que vous avez une bonne raison pour me déranger. Je me baignais…

– C'est… c'est au sujet de la source.

– Quelle source ? Je ne suis pas au courant.

– Elle ment, chuchote Hannah.

Qu'ont découvert nos deux héros ?

Pour le savoir, aide-toi de ces 3 indices.

mémo 4

INDICE n° 1

Souligne la phrase qui est au pluriel.

– Hannah découvre une bassine d'eau.
– Baptiste aperçoit un bidon d'eau.
– Les enfants découvrent des bidons d'eau.

mémo 6 mémo 8

INDICE n° 2

Retrouve l'écriture qui correspond à 36 bidons.

10 + 6 + 10 + 1	3 d et 6 u	3 + 6

La réponse est ....

mémo 12

INDICE n° 3

Entoure tout ce qui a besoin d'eau pour vivre.

Nos deux héros ont découvert

....

4

Madame de La Pompadour

Madame de La Pompadour propose aux enfants de prendre un jus d'orange au bord de la piscine. Baptiste explique que la source est sèche.

– Quelle catastrophe pour ma piscine ! dit madame de La Pompadour égoïstement.

Pour Hannah, notre petite détective, plus de doute : puisque le marchand de glaces, avec ses bidons d'eau, est innocent, la coupable, c'est la dame à la piscine !

Hannah et Baptiste marchent le long d'un chemin bordé de rochers. C'est là qu'autrefois coulait la source. Maintenant, tout est sec.

– Baptiste, pourquoi dis-tu que La Pomofour n'est pas coupable ? Un : elle a fait semblant de ne rien savoir. Deux : elle a besoin de toute l'eau du village pour sa grande piscine.

– Ma petite Hannah, s'il te plaît, soulève-moi cette grosse pierre.

– Tu plaisantes, j'espère !

– Non, je veux te prouver que madame de La Pompadour est innocente.

– Baptiste, le soleil te rend fou ou quoi ? Je ne comprends pas à quoi tu joues…

– Soulève cette pierre et tu comprendras !

Hannah gratte la terre et elle soulève la grosse pierre pour la laisser tomber deux secondes plus tard sur les pieds de son frère.

– Aïe ! Ouille ! Tu m'as fait mal !

– Moi aussi, j'ai mal ! Regarde : mes ongles sont tout abîmés !

– Génial ! Qu'as-tu remarqué sur les ongles de La Pompadour ?

Hannah réfléchit un long moment, puis elle dit :

– Quand je l'ai vue, je me suis dit qu'elle se croyait au bal avec son maquillage et son vernis sur les ongles.

– Justement, ça prouve qu'elle n'a pas soulevé de pierres. Sinon, elle aurait abîmé ses ongles.

– Mais alors, si ce n'est pas elle, c'est qui ?

Qu'y a-t-il sur les ongles de Madame de La Pompadour ?

Pour le savoir, aide-toi de ces 3 indices.

INDICE n° 1

mémo 3

Souligne la phrase qui sera complétée par le mot de deux lettres.

de la	des	avec	du

– La Pompadour a .... terre sur ses ongles.
– La Pompadour a travaillé .... ses doigts.
– La Pompadour a .... vernis sur les ongles.
– La Pompadour a .... ampoules sur les mains.

INDICE n° 2

mémo 8

Calcule et colorie en rouge les lettres de ce qui est inférieur à 50. Tu découvriras le mot que tu cherches.

50 + 2	T	25 + 3	E	17 - 5	R	63 + 5	V	72 - 2	M	25 + 4	S
40 - 3	V	45 + 6	A	5 + 64	L	12 + 8	N	22 + 1	I	85 - 9	E

C'est ....

INDICE n° 3

mémo 13

Ces expressions parlent de maquillage. Complète celle où un mot manque.

du fard à joues
du fard à paupières
du .... à ongles
du rouge à lèvres

Il y a du

5

Une équipe formidable

Maudit vernis à ongles ! Découragés, Baptiste et Hannah redescendent vers la place du village par un chemin ombragé. Leur enquête n'avance pas. Qui a bouché la source ? Et pourquoi ? Et à quel endroit ? Le mystère reste entier !

– Oh comme je suis triste, Hannah ! J'étais sûr qu'on serait de bons détectives, toi et moi…

– Mais tu avais raison, Baptiste, regarde !

Hannah montre à son frère un tas de pierres un peu plus bas. Ces pierres n'étaient pas là avant.

– Ça y est ! dit Baptiste, maintenant on sait où la source a été bouchée et on a la preuve que quelqu'un a déplacé les pierres.

– Allons vite le dire au village !

– Attends ! Regarde ce que j'ai trouvé…

Baptiste attrape un morceau de tissu. Il y a une ancre de bateau cousue dessus.

– On dirait un galon, dit Baptiste.

– C'est quoi un galon ? demande Hannah.

– C'est comme une décoration. Les militaires en portent sur leur uniforme. Enfin pas tous, plutôt les colonels, les capitaines…

– Les capitaines ? s'étrangle Hannah !

–J'avais raison depuis le début, s'écrie Hannah. C'est le capitaine qui a bouché la source. Je le savais, je le savais !

– Mais pourquoi ? demande Baptiste.

– Peut-être qu'il est juste fou ! répond Hannah. Peut-être que la source, c'est un peu comme la mer pour lui ?

– Alors, il faut le retrouver et vite !

– Il est presque 16 heures, dit Baptiste. Le capitaine devrait jouer du clairon d'une minute à l'autre.

Soudain, un énorme bruit retentit. On voit le capitaine en haut d'un gros rocher. Juste après, un autre bruit… encore plus fort. Malheur ! C'est une avalanche de pierres.

– Attention Hannah ! Mets-toi à l'abri.

Qu'est-ce que Baptiste a trouvé ?

Pour le savoir, aide-toi de ces 3 indices.

mémo 5

INDICE n° 1

Complète avec *un* ou *une* et souligne le mot féminin.

Baptiste a trouvé :

– .... morceau de tissu.

– .... ancre de bateau sur un tissu.

– .... bateau dessiné sur un tissu.

mémo 9

INDICE n° 2

Entoure le dessin qui correspond à la définition.

Je suis dans un triangle qui est dans un rectangle et sur un carré.

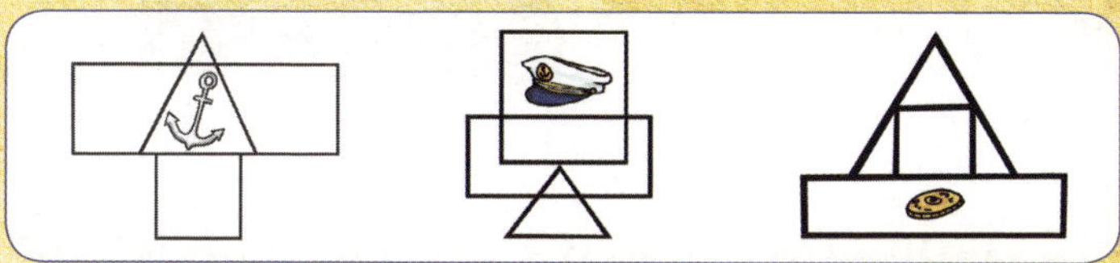

INDICE n° 3

Pour déchiffrer ce code, remplace chaque lettre par la lettre placée avant dans l'alphabet.

VOF BODSF EF CBUFBV ....

Baptiste a trouvé

....

Ouf ! Hannah et Baptiste sont sains et saufs. Ils ont percé le mystère : le capitaine avait bouché la source sans le faire exprès. Il jouait juste du clairon trop fort. Maintenant, l'eau va couler à nouveau au village.

– Tu sais quoi, Baptiste ? dit Hannah. Cette ancre de bateau ne nous rendra pas célèbres, mais toi et moi, on forme une équipe formidable !

Mémo

Pour t'aider à faire tes exercices

Français

Maths

Découverte du monde

Lecture

1 Les sons et les lettres

- Chaque lettre forme **un son** :

– la lettre **a** se lit **[a]** ;
– la lettre **p** se lit **[p]**.

- Une lettre peut former des **sons différents** :

– la lettre **s** dans le mot **soleil** se lit **[s]** ;
– la lettre **s** dans le mot **rose** se lit **[z]** ;
– la lettre **s** dans le mot **tapis** ne s'entend pas.

Si tu as un doute, prononce toujours les mots **à voix haute**.

- Rappelle-toi que le son [s] peut s'écrire :

s **ss** **c** **t** **sc** **ç**

- Un son peut s'écrire avec plusieurs lettres ou de différentes façons :

– **a** et **n** forment le son **[an]** ;
– **p** et **h** forment le son **[f]**.

- Avec des **lettres**, tu formes des **sons** et avec ces sons, tu formes des **syllabes**.

Exemples : **tu** – **pi** – **mou** – **gre**

- Avec des **syllabes**, tu construis des mots.

Exemple : **gre** / **na** / **di** / **ne** = **grenadine**

Grammaire

2 La phrase

- Une **phrase** est un groupe de mots.

Attention ! La phrase doit toujours **avoir un sens**. C'est un message.

- Quand tu écris une phrase, elle doit toujours commencer par une majuscule et se finir par un point.

Exemples :

Hannah a soif.

Il n'y a plus d'eau.

3 Les mots « outils »

- Quand tu parles ou quand tu écris, tu utilises très souvent des petits mots.

Exemple : Elle a **du** vernis **à** ongles **et elle** porte **des** bijoux.

- On les appelle des mots « **outils** » mais ils ont chacun un nom et un métier différents. Ils peuvent être :

des pronoms	des articles	des prépositions
je, tu, il, elle, nous, vous, ils, elles…	un, une, le, la, des, les, au, du	en, à, sur, avec, dans…

- Ils s'écrivent **toujours de la même façon**.

Orthographe

4 Le singulier et le pluriel

• **Le petit mot placé devant le nom** t'indique si ce mot est au **singulier** ou au **pluriel**.
Attention ! Ce n'est pas toujours aussi simple.

singulier (seul)	pluriel (plusieurs)
un, le, la, ma, l', ton…	les, des, mes, vos, nos…

• Attention ! À l'écrit, tu dois presque toujours ajouter un **-s** ou un **-x** à la fin des mots.

Exemples : un chat → des chats
un bateau → des bateaux
un fou → des fous
un bijou → des bijoux
un journal → des journaux
un tapis → des tapis

• **Le verbe s'accorde avec son sujet.**

– Si le sujet est au **singulier**, le verbe sera aussi au singulier.

Exemple : Hannah (sujet) se promène (verbe) avec son frère.

– Si le sujet est au **pluriel**, le verbe sera aussi au pluriel.

Exemple : Les enfants (sujet) se promènent (verbe).

Orthographe

5 Le féminin et le masculin des noms

- Quand tu écris les mots **la**, **une**, **ma**... devant un nom, on dit qu'il est du genre **féminin**.

Exemples : **une** maison, **la** source, **ma** grenadine

- Quand tu écris les mots **le**, **un**, **mon**... devant un nom, on dit qu'il est du genre **masculin**.

Exemples :
un ruisseau, **le** maire,
mon oncle

- Attention ! Le mot **l'** peut s'utiliser dans les deux cas.

Exemples :
l'arbre (**un** arbre) :
ce nom est **masculin**.
l'abeille (**une** abeille) :
ce nom est **féminin**.

- Si tu as un doute, tu peux t'aider du dictionnaire : il te donne toujours le **genre du mot**.

Exemples :
pétale : **n.m. (nom masculin)**
pierre : **n.f. (nom féminin)**

Numération

6 Les dizaines et les unités

- Tu écris les nombres avec des **chiffres** :

0 – 1 – 2 – 3 – 4 – 5 – 6 – 7 – 8 – 9

- Ces chiffres sont aussi des nombres qu'on appelle des **unités**.

- Pour compter une quantité, tu regroupes les unités **par dix**.

Exemple :

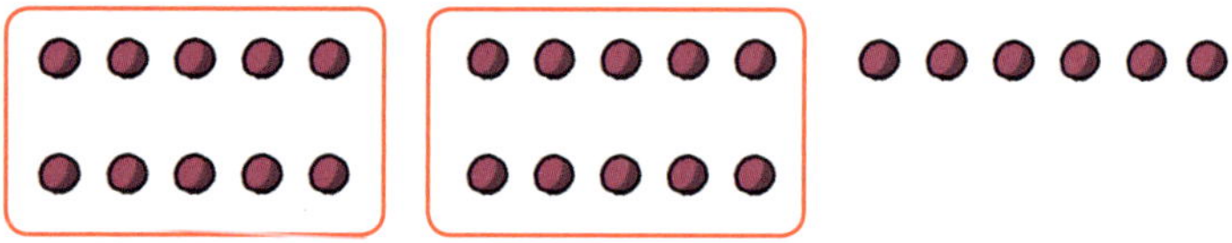

Il y a **2 groupes de 10** (**deux dizaines** = 2 d) et **6 unités** (= 6 u) :

10 + 10 + 6 = **26**
20 + 6 = **26**
2 d + 6 u = **26**

- Rappelle-toi que dans :

58 → il y a **5 dizaines** et **8 unités**.
123 → il y a **12 dizaines** et **3 unités**.

Numération

7 Les doubles

- Pour trouver **le double** d'un nombre, tu l'additionnes **deux fois** :

2 + 2 = 4 → 4 est le **double de 2**.
9 + 9 = 18 → 18 est le **double de 9**.
30 + 30 = 60 → 60 est le **double de 30**.

- Tu peux aussi le **multiplier** par **2** :

4 × 2 = 8 → 8 est le **double de 4**.
6 × 2 = 12 → 12 est le **double de 6**.

- Rappelle-toi : **la table de multiplication par 2** est **la table des doubles**.

0 x 2 =	**0**	6 x 2 =	**12**
1 x 2 =	**2**	7 x 2 =	**14**
2 x 2 =	**4**	8 x 2 =	**16**
3 x 2 =	**6**	9 x 2 =	**18**
4 x 2 =	**8**	10 x 2 =	**20**
5 x 2 =	**10**		

Opérations

8 L'addition et la soustraction

• **L'addition** s'écrit avec le signe **[+]** : cette opération rajoute une quantité à une autre quantité.

Exemple : **10 + 3 = 13**

Ajoute toujours les dizaines avec les dizaines, les unités avec les unités.

Exemple : **25 + 24 = 49**

• **La soustraction** s'écrit avec le signe **[–]** : cette opération enlève une quantité à une autre quantité.

Exemple : **45 – 3 = 42**

Soustrais toujours les dizaines avec les dizaines, les unités avec les unités.

Exemple : **65 – 24 = 41**

• Un **nombre inférieur** est un nombre **plus petit**.

Exemple : **49** est inférieur à **50** ou **49 < 50**.

• Un **nombre supérieur** est un nombre **plus grand**.

Exemple : **50** est supérieur à **49** ou **50 > 49**.

9 Les formes géométriques

- Tu dois connaître les formes géométriques.
- Certaines se tracent **à la règle** :

des carrés

des triangles

des rectangles

- D'autres se tracent **avec un compas** :

un cercle

trois quarts de cercle

Géométrie

10 Les quadrillages

Un quadrillage permet :

– de **reproduire une figure** :

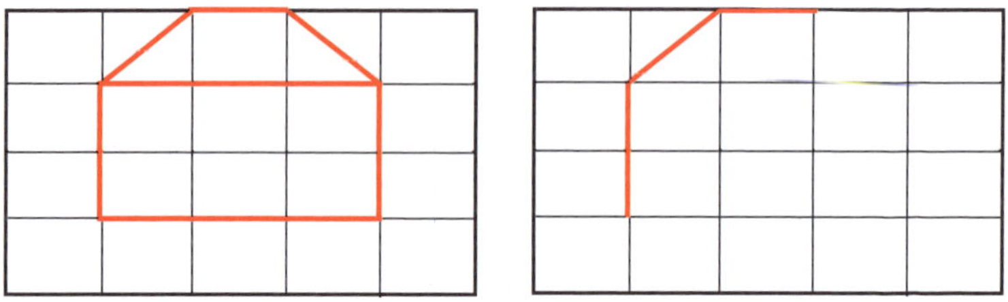

– de **te repérer avec un code** :

	A	B	C	D	E
1					
2					
3			■		
4					

La case rouge est en **(C ; 3)**.

– de **te déplacer selon un code** :

→ → → ↓ ↓ → → ↓

→	→	→			
		↓			
		↓	→	→	
				↓	

Géographie

11 Cartes et plans

• Pour te repérer dans l'espace, observe ce qui est **autour de toi**.

Des voitures garées dans un parking.

C'est une grande ville.

C'est un paysage de montagne.

• Tu peux aussi utiliser des **plans**.

La mairie est en **(B ; 2)** :

	A	B	C	D	E
1					
2					
3					

• Pour faire des trajets, utilise des **cartes.**

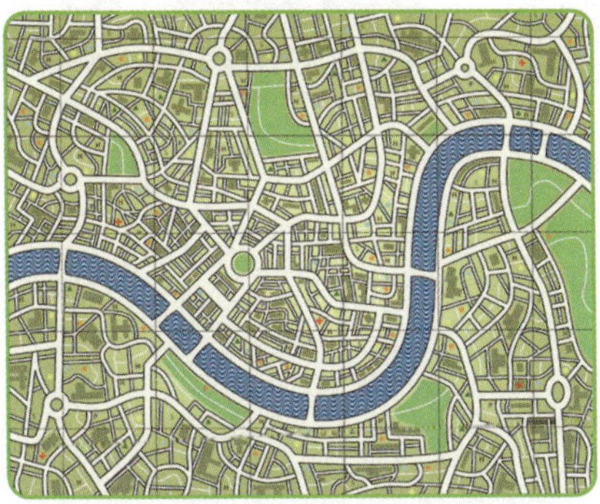

Monde du vivant

12 Le vivant et le non-vivant

• On peut classer ce qui nous entoure en **deux grands groupes**.

Le vivant	Le non-vivant
Les animaux Les végétaux Les humains	Les minéraux Les matériaux Les objets

• Ce qui est vivant a besoin :
– d'**eau**
– de **nourriture**
– d'**air**.

• Le vivant naît, grandit ou pousse, se reproduit, respire et meurt.

Monde du vivant

13 Connaître son corps

- Notre corps se compose de **différentes parties**.
- Chaque partie a un **nom** et une **fonction**.

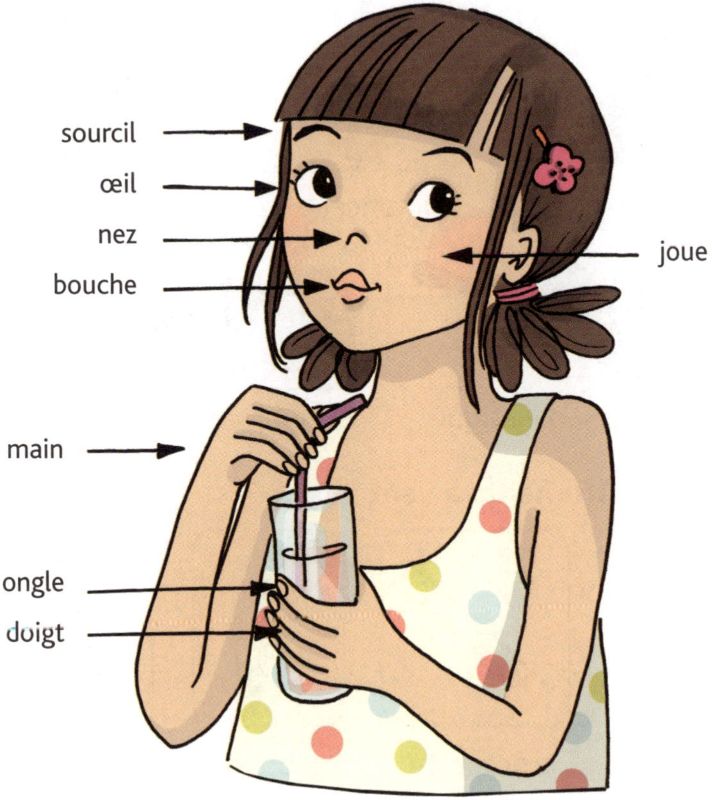

La musique

Les instruments de musique

Les instruments de musique peuvent se classer en **familles**.

- **Les instruments à cordes :**

violon

violoncelle

harpe

guitare acoustique

guitare électrique

- **Les instruments à vent :**

flûte

trompette

saxophone

clarinette

- **Les instruments à percussion :**

maracas

tam-tam

tambour

Page-indices

Le mystère de la source

du CP au CE1

Note ci-dessous les indices que tu as trouvés
au cours de ta lecture.

Va vite te connecter sur le site

www.lenigme.com

pour nous envoyer tes indices,
et tu pourras télécharger plein de cadeaux !

INDICE 1 ....

INDICE 2 ....

INDICE 3 ....

INDICE 4 ....

INDICE 5 ....

Bravo ! *Tu as trouvé tous les indices !*

N° d'éditeur : 10212730 – IRILYS – Février 2015
Imprimé en Italie par BONA

L'ÉNIGME des vacances

Choisis ton univers !

[...]NTASTIQUE | Policier | Aventure | FRISSON | Princesse | Sciences

[...] CP au CE1
- [...]e voleur invisible
- Sophia, princesse de la mer 🎧
- Le mystère de la source 🎧

du CE1 au CE2
- La peur au bout de la laisse
- Mystère au cirque Alzared
- Attention ! Dauphins en danger
- Pas si désert que ça !
- Menace sur Madagascar
- Pirates en péril ! 🎧
- L'attaque des monstres animaux SCOOBY-DOO!

du CE2 au CM1
- Le labyrinthe des dragons
- Les fantômes de Glamorgan
- La plage du Prince Blanc
- Le phare de la peur
- Montagne explosive !
- Menaces sur la finale de foot
- La menace des fantômes SCOOBY-DOO!

du CM1 au CM2
- Le voleur de papyrus iPhone iPad
- Le secret de la jungle
- Le sortilège des loups-garous
- Parfum de vacances
- La carrière interdite
- Feu mystérieux en Australie
- Planète dinosaures
- Musiques diaboliques SCOOBY-DOO!
- Drôles d'époques ! JEUX

du CE2 au CM2
Les Mystérieuses Cités d'Or (LES MYSTÉRIEUSES CITÉS D'OR)

- T.1 Le secret du tambour sacré
- T.2 À la poursuite du Dragon Jaune
- T.3 Le ventre de Bouddha
- T.4 La révélation

du CM2 à la 6e
- Le trésor des Templiers
- Panique à la Pop Academy
- La forêt de l'épouvante
- À la recherche de la cité perdue iPhone iPad
- Eaux troubles à Venise
- Drôles de familles ! JEUX

de la 6e à la 5e
- Le secret du Titanic iPhone iPad
- Drôle de trafic
- Complot chez les cordons-bleus

de la 5e à la 4e
- Operation Blue Lagoon (en anglais) 🎧
- Chute mortelle au Mont-Saint-Michel iPhone iPad
- The Captain is Missing! (en anglais) 🎧
- Le souffle de l'ange

de la 4e à la 3e
- Murder in West Park (en anglais) 🎧
- The Mark of the Vampire (en anglais) 🎧 iPhone iPad

2 livres en 1
CE1-CE2
La peur au bout de la laisse
+ Pas si désert que ça !

CE2-CM1
Montagne explosive !
+ Le labyrinthe des dragons

CM1-CM2
La carrière interdite
+ Feu mystérieux en Australie

CM2-6e
Eaux troubles à Venise
+ La forêt de l'épouvante

🎧 Histoire à podcaster sur le site www.lenigme.com

iPhone iPad Existe en applications pour iPhone et iPad.
Disponible sur App Store.

Retrouve-nous sur le site : www.lenigme.com